LA FRANCE

ET

LE COEUR DE JÉSUS

Par le P. V. ALET

de la Compagnie de Jésus

Quatrième Édition

AUGMENTÉE DE DIVERS DOCUMENTS SUR L'ŒUVRE
DU VŒU NATIONAL

ET

DU BREF DE NOTRE SAINT-PÈRE LE PAPE

PARIS

JOSEPH ALBANEL, LIBRAIRE

7, RUE HONORÉ-CHEVALIER, 7.

1873

Tous droits réservés

DU MÊME AUTEUR

Le bienheureux Canisius, ou l'apôtre de l'Allemagne au XVIe siècle. 1 vol. in-12, Paris, Douniol.

Saint Martin et sa basilique de Tours. 1 vol. in-18, Paris, Dillet.

La divinité du Christianisme prouvée par un fait. 1 vol. in-12, Nantes, Forest et Grimaud.

Le Pater noster de la France. 1 vol. in 24, Nantes, Mazeau.

Parmi les âmes vraiment chrétiennes et françaises, il en est peu aujourd'hui qui ne connaissent pas la grande Œuvre du Vœu national au Sacré Cœur de Jésus. Cette œuvre de réparation et aussi d'espérance a pour but d'élever, à Paris même, une église monumentale en l'honneur du divin Cœur.

Les pages qu'on va lire, déjà répandues à sept ou huit mille exemplaires, sans parler de la reproduction faite par le Messager du Sacré Cœur, sont purement historiques. Elles montrent par des faits incontestables que ce n'est pas de cette heure seulement que le Christ Jésus s'incline vers la France et que la France cherche en lui son refuge. Hâtons-nous donc de renouer une alliance déjà bien ancienne ; et, ranimant notre confiance, redisons à celui que nos aïeux proclamaient hautement leur Roi :

Souviens-toi qu'à notre Patrie
Ton Cœur a daigné se donner !
Nous sommes la race chérie :
Pourrais-tu nous abandonner ?

Paris, en la fête de l'Immaculée
Conception, 1872.

LA FRANCE

ET LE

COEUR DE JÉSUS

―――――――

I

SOUS LOUIS XIV.

La monarchie française était parvenue à l'apogée de sa gloire. Celui qu'on appelait justement le grand roi dictait des lois à l'Europe. Sous la protection de son sceptre, les lettres, les sciences et les arts jetaient un éclat éblouissant. Mais la morale chrétienne avait souffert de graves atteintes jusque sur le trône ; et le souverain, par trente-quatre années d'austère vertu, ne pouvait plus empêcher le vice d'envahir de proche en proche toutes les classes de la société. D'autre part, le jansénisme éteignait dans les cœurs les flammes de la véritable piété; le gallicanisme relâchait les liens qui auraient dû toujours étroitement unir la fille aînée de l'Église à sa mère; et, à la faveur des discordes religieuses, l'incrédulité se glissait dans l'ombre.

Vers ce même temps, vivait à Paray-le-Monial, en Bourgogne, dans un monastère obscur de la Visitation, une humble religieuse destinée à devenir célèbre, sœur Marguerite-Marie Alacoque. Depuis, ses écrits ont été hautement approuvés, et ses révélations reconnues authentiques. Le Siége Apostolique a proclamé sa sainteté, et Pie IX, le 19 octobre 1866, lui a solennellement décerné les honneurs de la Béatification.

Or, un jour de l'octave du Saint-Sacrement, en 1675, Notre-Seigneur, découvrant son Cœur à la pieuse fille, lui dit : « Voilà ce Cœur qui a tant aimé les hommes qu'il n'a rien épargné, jusqu'à s'épuiser et se consumer pour leur témoigner son amour! Et en retour, je ne reçois de la plupart que des ingratitudes par les mépris, irrévérences, sacriléges et froideurs qu'ils ont pour moi dans ce Sacrement d'amour... Je te demande que le premier vendredi après l'octave du Saint-Sacrement soit une fête particulière pour honorer mon Cœur... Je te promets aussi que mon Cœur se dilatera pour répandre avec abondance les effusions de son divin amour sur tous ceux qui lui rendront cet honneur et procureront qu'il lui soit rendu. »

Le 23 février 1689, elle écrit à la Mère de Saumaise, son ancienne Supérieure : « Ah ! que de bonheur pour vous et pour ceux qui contribuent à glorifier l'aimable Cœur de Jésus ! Non-seulement ils s'attirent son amitié et ses bénédictions éternelles, mais ILS GAGNENT UN PUISSANT PROTECTEUR A NOTRE PATRIE... Il n'en fallait pas un moins puissant pour détourner la juste colère de Dieu... »

Le 17 juin de la même année, la Bienheureuse écrivait encore : « Le divin Cœur désire entrer avec magnificence dans la maison des princes et des rois pour y être honoré autant qu'il y a été outragé, méprisé et humilié en sa Passion. Il faut qu'il ait autant de plaisir à voir les grands de la terre humiliés devant lui qu'il a senti d'amertume à se voir anéanti à leurs pieds.

« Et voici les paroles que j'entendis à ce sujet : Fais savoir au FILS AINÉ DE MON SACRÉ CŒUR — parlant de notre roi Louis XIV — que, comme sa naissance temporelle a été obtenue par la dévotion aux mérites de ma sainte Enfance, de même il obtiendra sa naissance de gloire éternelle par sa consécration à mon Cœur adorable. Il veut triompher du sien, et par son entremise, de celui des grands de la terre. IL VEUT RÉGNER DANS SON PALAIS, ÊTRE PEINT DANS SES ÉTENDARDS ET GRAVÉ DANS SES ARMES, POUR LES RENDRE VICTORIEUSES DE TOUS SES ENNEMIS ET DE TOUS LES ENNEMIS DE LA SAINTE ÉGLISE. »

Au mois d'août de la même année 1689, la Bienheureuse revient sur le même sujet et s'exprime en ces termes : « Le Père éternel, voulant réparer les amertumes et angoisses que l'adorable Cœur de son divin Fils a reçues dans la maison des princes de la terre, parmi les humiliations et les outrages de sa Passion, veut établir son empire dans le cœur de notre grand monarque. Il entend se servir de lui pour l'exécution de son dessein, qu'il désire voir s'accomplir en cette manière : CONSTRUIRE UN ÉDIFICE OU SERAIT PLACÉ LE TABLEAU DE CE DIVIN CŒUR, POUR Y RECEVOIR LA CONSÉCRATION ET LES HOMMAGES DU ROI ET DE TOUTE LA COUR.

« De plus, ce divin Cœur se veut rendre protecteur et défenseur de sa personne sacrée contre tous ses ennemis visibles et invisibles. Il l'a choisi comme son fidèle ami pour faire autoriser par le Saint-Siége Apostolique la Messe en son honneur, et obtenir les autres priviléges qui doivent accompagner la dévotion de son divin Cœur. C'est par ce Cœur qu'il lui départira les trésors de ses grâces de satisfaction et de salut, et répandra avec abondance ses bénédictions sur toutes ses entreprises...

« Qu'il sera donc heureux, s'il prend goût à cette dévotion ! Elle lui fera un règne éternel d'honneur et de gloire dans ce Cœur sacré ; et Notre-Seigneur prendra soin de l'élever dans le ciel devant son Père, autant que ce grand monarque en prendra de réparer devant les hommes les opprobres et anéantissements soufferts par ce divin Cœur (1). »

Ainsi, voilà Notre-Seigneur lui-même qui montre son Cœur à une religieuse française, qui promet à la France d'être son protecteur, et réclame en particulier l'hommage de nos rois, afin de pouvoir les combler de ses bénédictions. Pourquoi n'a-t-il pas été plus tenu compte de ces tendres et magnifiques avances ? Sans doute, quelques-uns de ceux qui auraient dû parler au Roi, alors converti et pieux, manquèrent à leur mission. D'ailleurs, les communications célestes de la Bienheureuse n'avaient pas encore reçu la haute sanction du

---

(1) Toutes ces citations sont textuellement empruntées à la *Vie et Œuvres de la Bienheureuse Marguerite-Marie Alacoque*, récemment publiées avec approbation. T. I, p. 93. — T. II, p. 90, 198 et 212.

temps et de l'Eglise, qui leur assure aujourd'hui une autorité irréfragable.

II

SOUS LOUIS XV.

La France de Louis XV et de Voltaire était peu faite pour comprendre le culte du divin Cœur; et pourtant même alors les adorateurs fidèles ne manquèrent pas.

Dès l'année 1762, la ville de Marseille donna un grand exemple. Délivrée de la peste par la miraculeuse protection du Sacré Cœur, elle fit en son honneur un vœu solennel, dont il sera bon de reproduire ici le texte :

« Aujourd'hui, 28 mai 1722, nous..., consuls de la ville de Marseille, nous étant assemblés au conseil de ville, en présence de M. le marquis de Pilles, notre gouverneur; lecture faite de la lettre que Monseigneur l'Evêque nous a adressée, nous avons résolu d'un consentement unanime, de faire à Dieu, entre les mains dudit seigneur Évêque, un vœu stable et irrévocable, par lequel nous nous obligerons, nous et nos successeurs, à perpétuité : d'aller chaque année, le jour de la fête du Sacré Cœur de Jésus, assister à la Messe dans l'église du premier monastère de la Visitation ; d'y recevoir le Saint-Sacrement de l'Eucharistie ; et d'y offrir un cierge de quatre livres, pour l'expiation des péchés commis dans la ville, lequel cierge brûlera ce jour-là devant le Saint-Sacrement. De plus, nous prierons Monseigneur l'Évêque d'indiquer une procession solennelle de tous les Ordres, qu'on fera ce même jour à perpétuité, à l'heure des vêpres, et à laquelle nous serons obligés de nous trouver.

« Fait à Marseille, le jour et an ci-dessus. »

Jusqu'à l'époque de nos grands malheurs, tout s'accomplit fidèlement comme on l'avait voué. L'Évêque mentionné dans cet acte mémorable n'est autre que l'illustre Belzunce, ce Charles Borromée de la France. Aix, Avignon et d'autres cités ne tardèrent pas à prendre les mêmes engagements que Marseille.

A la suite de ces belles manifestations publiques, beaucoup de Prélats établirent officiellement dans leurs diocèses la fête et l'office du Sacré Cœur de Jésus. Parmi les plus zélés, on distingua Monseigneur Languet, Évêque de Soissons, auteur d'une remarquable *Vie de la Mère Marguerite-Marie Alacoque*, dédiée à la pieuse reine Marie Leckzinska, et Monseigneur de Pressy, Évêque de Boulogne, qui nous a laissé sur la dévotion au Sacré Cœur des ouvrages pleins de science et d'onction.

A cette époque, plusieurs souverains s'inté-
ressèrent activement au triomphe du divin
Cœur.

Le 15 mai 1726, Frédéric-Auguste II, roi
de Pologne, écrivait au Pape Benoît XIII,
pour lui demander d'étendre à tout l'univers
la pratique de cette dévotion. Le 10 mars de
l'année suivante, Philippe V, petit-fils de
Louis XIV et roi d'Espagne, sollicitait du
même Pontife l'établissement de la fête du
Sacré-Cœur dans tous ses royaumes et do-
maines. Plus tard, Françoise-Élisabeth, reine
de Portugal, obtint pour ses États une sem-
blable faveur.

Enfin, au mois de juillet 1765, l'admirable
reine Marie Leckzinska, qui, dans le palais
même de Louis XV, pratiquait, avec son fils
le dauphin et ses quatre filles, les plus pures
vertus du christianisme, recourut à l'assemblée générale du Clergé de France pour hâter
encore et développer la diffusion du culte de
l'adorable Cœur de Jésus. L'Assemblée ne
pouvait que faire droit à des vœux si légitimes,
et voici le texte même de sa délibération :
« Tous les Évêques qui composent l'Assemblée, également pénétrés du profond respect
et de la vénération qui ne sont pas moins dus
aux vertus éminentes de Sa Majesté qu'à son
rang auguste, et voulant, autant qu'il est en

eux, seconder un zèle aussi édifiant, ont unanimement délibéré d'établir dans leurs diocèses respectifs la dévotion et l'office du Sacré-Cœur de Jésus, et d'inviter par une lettre-circulaire les autres Évêques du royaume d'en faire autant dans les diocèses où cette dévotion et cet office ne sont pas encore établis. »

La lettre-circulaire fut écrite, en effet, et rencontra partout l'adhésion la plus parfaite.

C'étaient là sans doute de touchants hommages; mais la France n'y intervenait pas comme nation : Dieu voulait davantage.

III

SOUS LOUIS XVI ET LA CONVENTION.

Le 23 décembre 1787, madame Louise de France, l'héroïque carmélite de Saint-Denis, expirait en prédestinée dans son humble cellule. La fille des rois s'était offerte comme une victime d'expiation, et Dieu avait accepté son sacrifice; mais sa justice irritée demandait une victime plus auguste encore.

La Révolution avançait à grands pas, menaçant de tout engloutir : monarchie, noblesse, clergé, vieilles institutions et vieilles mœurs. Bientôt Louis XVI comprit que sa main n'était plus assez ferme pour lutter contre la tempête. Enfermé dans son palais des Tuileries après le retour de Varennes, il tourna sa pensée vers le Cœur de Jésus. C'est dans les premiers mois de 1792 qu'il formula ce vœu touchant, dont le texte fut recueilli par les soins de M. Hébert, alors son confesseur et supérieur général des Eudistes, plus tard massacré aux Carmes avec tant de prêtres fidèles. Conformément à l'esprit de sa Congrégation, dont le vénérable Fondateur eut l'honneur d'inaugurer dans l'Église le *culte public* du divin Cœur, M. Hébert avait sans doute suggéré à son royal pénitent l'idée de ce suprême appel à la divine clémence.

Voici le vœu du Roi-martyr :

« Vous voyez, ô mon Dieu, toutes les plaies qui déchirent mon cœur, et la profondeur de l'abîme dans lequel je suis tombé. Des maux sans nombre m'environnent de toutes parts. A mes malheurs personnels et à ceux de ma famille, qui sont affreux, se joignent, pour accabler mon âme, ceux qui couvrent la face du royaume. Les cris de tous les infortunés, les gémissements de la religion opprimée retentissent à mes oreilles, et une voix intérieure m'avertit encore que peut-être votre justice me reproche toutes ces calamités, parce que, dans les jours de ma puissance, je n'ai pas réprimé la licence du peuple et l'irréligion, qui en sont les principales sources ; parce que j'ai fourni moi-même des armes à l'hérésie qui triomphe, en la favorisant par des lois qui ont doublé ses forces et lui ont donné l'audace de tout oser.

« Je n'aurai pas la témérité, ô mon Dieu, de me justifier devant vous ; mais vous savez que mon cœur a toujours été soumis à la foi et aux règles des mœurs ; mes fautes sont le fruit de ma faiblesse et semblent dignes de votre grande miséricorde. Vous avez pardonné au roi David, qui avait été cause que vos ennemis avaient blasphémé contre vous ; au roi Manassès, qui avait entraîné son peuple dans l'idolâtrie. Désarmé par leur pénitence, vous les avez rétablis l'un et l'autre sur le trône de Juda ; vous les avez fait régner avec paix et gloire. Seriez-vous inexorable aujourd'hui pour un fils de saint Louis, qui prend ces rois pénitents pour modèles et qui, à leur exemple, désire réparer ses fautes et devenir un roi selon votre cœur ?

« O Jésus-Christ ! divin Rédempteur de toutes nos iniquités, c'est dans votre Cœur adorable que je veux déposer les effusions de mon âme affligée. J'appelle à mon secours le tendre cœur de Marie, mon auguste protectrice et ma mère, et l'assistance de saint Louis, mon patron et le plus illustre de mes aïeux.

« Ouvrez-vous, Cœur adorable, et, par les mains si pures de mes puissants intercesseurs, recevez avec bonté les vœux satisfactoires que la confiance m'inspire, et que je vous offre comme l'expression naïve de mes sentiments.

« Si, par un effet de la bonté infinie de Dieu, je recouvre ma liberté, ma couronne et ma puissance royale, je promets solennellement :

« 1º De révoquer, le plus tôt possible, toutes les lois qui me seront indiquées, soit par le Pape, soit par quatre Évêques choisis parmi les plus vertueux de mon royaume, comme contraires à la pureté et à l'intégrité de la foi, à la discipline et à la juridiction spirituelle de la sainte Église catholique, apostolique, romaine, et notamment la *Constitution civile* du Clergé.

« 2º De prendre, dans l'intervalle d'une année, tant auprès du Pape qu'auprès des évêques de mon royaume, toutes les mesures nécessaires pour établir, suivant les formes canoniques, une fête solennelle en l'honneur du Sacré Cœur de Jésus, laquelle sera célébrée à perpétuité dans toute la France, le premier vendredi après l'octave du Saint-Sacrement, et toujours suivie d'une procession générale, en réparation des outrages et des profanations commises dans nos saints temples, pendant le temps des troubles, par les schismatiques, les hérétiques et les mauvais chrétiens.

 « 3° D'aller moi-même en personne, sous trois mois, à compter du jour de ma délivrance, dans l'église Notre-Dame de Paris, ou dans toute autre église principale du lieu où je me trouverai, et de prononcer, un jour de dimanche ou de fête, au pied du maître-autel, après l'offertoire de la messe, et entre les mains du célébrant, un acte solennel de consécration de ma personne, de ma famille et de mon royaume au SACRÉ CŒUR DE JÉSUS, avec promesse de donner à tous mes sujets l'exemple du culte et de la dévotion qui sont dus à ce Cœur adorable.

« 4° D'ériger et de décorer à mes frais, dans l'église que je choisirai pour cela, dans le cours d'une année à compter du jour de ma délivrance, une chapelle ou un autel qui sera dédié au Sacré Cœur de Jésus, et qui servira de monument éternel de ma reconnaissance et de ma confiance sans bornes dans les mérites infinis et dans les trésors inépuisables de grâces qui sont renfermés dans ce Cœur sacré.

» 5° Enfin, de renouveler tous les ans, au lieu où je me trouverai, le jour qu'on célébrera la fête du Sacré Cœur, l'acte de consécration exprimé dans l'article troisième et, d'assister à la procession générale qui suivra la messe de ce jour.

« Je ne puis aujourd'hui prononcer qu'en secret cet engagement, mais je le signerais de mon sang s'il le fallait ; et le plus beau jour de ma vie sera celui où je pourrai le ¡publier à haute voix dans le temple.

« O Cœur adorable de mon Sauveur ! Que j'oublie ma main droite et que je m'oublie moi-même, si jamais j'oublie vos bienfaits et mes promesses, si je cesse de vous aimer et de mettre en vous ma confiance et toute ma consolation. Ainsi soit-il. »

Ce cri de prière et de détresse n'eut pas son plein effet. Pourquoi ? peut-être parce que Louis XVI n'était plus roi que de nom, quand il prit cet engagement solennel : Dieu veut que la France soit consacrée au Cœur de Jésus par son souverain réel et agissant comme souverain. Du moins le pieux monarque puisa-t-il à cette divine source l'héroïsme du martyre ; et son appel ne resta pas sans écho. Peu de temps après, la Vendée se levait, et l'on sait bien que « cette race de géants, » les Bonchamps, les Cathelineau, les Lescure, les La Rochejacquelein et tous les autres, gentilshommes et paysans, se faisaient gloire d'aller à la bataille avec l'image du Sacré Cœur sur la poitrine.

IV

SOUS LA RESTAURATION.

A cette époque de renaissance monarchique et religieuse, on se souvint du vœu de Louis XVI. Bien que la condition n'eût pas été remplie, beaucoup de nobles cœurs croyaient la France obligée d'honneur à tenir les engagements contractés par le Roi-martyr. Plusieurs diocèses furent solennellement consacrés au Cœur de Jésus. La plupart de nos cathédrales eurent un autel dédié en son honneur.

Ce n'était pas assez pourtant : Notre-Seigneur réclamait un hommage national.

Dans ce temps-là vivait à Paris, au célèbre couvent *des Oiseaux*, une humble religieuse que les princesses allèrent plus d'une fois visiter. Elle était favorisée de communications surnaturelles. Les guides spirituels de son âme, prêtres aussi éclairés que vertueux, l'illustre de Quelen, archevêque de Paris, d'autres personnes également versées dans la science des saints, ne purent s'empêcher de reconnaître en cette âme privilégiée l'action de l'Esprit de Dieu.

Marie de Jésus — tel était son nom de religion — avait eu dès l'enfance la plus tendre dévotion envers le divin Cœur. En 1814, son zèle s'enflamma par la lecture d'une prière aujourd'hui répandue partout et intitulée : « Consécration de la France au Sacré Cœur de Jésus. » Elle continua de la réciter avec une ferveur croissante et un désir toujours plus vif d'en obtenir l'accomplissement.

Quelques années après, ayant entendu lire le mandement et divers écrits relatifs à la consécration de la ville de Poitiers au Sacré Cœur de Jésus : « Ah ! dit-elle en soupirant, si la France entière pouvait jouir du même bonheur ! » Et c'est vers ce but que se dirigèrent désormais tous les vœux de son âme, toutes les intentions de ses communions, tous les sacrifices dont sa vie fut semée.

Alors se multiplièrent les communications célestes qu'elle recevait par le Cœur de Jésus. « Abîmée dans cet océan de lumière, écrit le vénérable père Ronsin, son confesseur, elle y voyait clairement les désirs de ce Cœur adorable tout embrasé d'amour pour les hommes, et les DESSEINS PARTICULIERS DE SA MISÉRICORDE SUR LA FRANCE. Il lui fut dit et souvent répété par Jésus-Christ même, dans ses extases, que le vœu de consécration de la France au Sacré Cœur, attribué à Louis XVI, était bien véritablement de lui ; que c'était lui-même qui l'avait composé et prononcé. LE DIVIN SAUVEUR AVAIT AJOUTÉ QU'IL DÉSIRAIT ARDEMMENT QUE CE VŒU FUT EXÉCUTÉ : C'EST-A-DIRE QUE LE ROI CONSACRAT SA FAMILLE ET TOUT SON ROYAUME AU SACRÉ CŒUR, COMME AUTREFOIS LOUIS XIII A LA SAINTE VIERGE ; qu'il en fît célébrer la fête solennellement et universellement tous les ans, le vendredi après l'octave du Saint-Sacrement ; et qu'enfin il fît bâtir une chapelle et ériger un autel en son honneur. » A cette condition, *le divin Sauveur promettait, pour le Roi, la famille royale et la France entière, les plus abondantes bénédictions.*

Le 21 juin 1823, ces manifestations se renouvelèrent avec un redoublement de clarté. Il lui fut dit en termes formels : « LA FRANCE EST TOUJOURS BIEN CHÈRE A MON DIVIN CŒUR, ET ELLE LUI SERA CONSACRÉE. MAIS IL FAUT QUE CE SOIT LE ROI LUI-MÊME QUI CONSACRE SA PERSONNE, SA FAMILLE, ET TOUT SON ROYAUME A MON DIVIN CŒUR ; et qu'il lui fasse, comme je te l'ai déjà dit, élever un autel, ainsi qu'on en a élevé un, au nom de la France, en l'honneur de la sainte Vierge. JE PRÉPARE A LA FRANCE UN DÉLUGE DE GRACES LORSQU'ELLE SERA CONSACRÉE A MON DIVIN CŒUR. — Eh quoi ! reprit Notre-Seigneur, les outrages faits à la majesté royale ont été réparés publiquement (1) ; et les

(1) Monument de la rue d'Anjou, à Paris.

outrages sans nombre que j'ai reçus dans le sacrement de mon amour n'ont pas encore été réparés ! On craint de parler au Roi ; on craint qu'il ne soit pas disposé à entendre parler de ce double bonheur pour lui aussi bien que pour sa famille et pour son royaume ! Ah ! je tiens tous les cœurs dans ma main, et celui du Roi est disposé à faire tout ce qu'on lui demandera pour ma gloire. Tous les jours il en donne des preuves. La demande qu'on lui a faite de travailler à la béatification de la Mère Marguerite-Marie Alacoque n'a-t-elle pas été parfaitement accueillie? Que N*** parle et il verra. Je prépare toutes choses : la France sera consacrée a mon divin Cœur, et toute la terre se ressentira des bénédictions que je répandrai sur elle. La foi et la religion refleuriront en France par la dévotion a mon divin Cœur. » Elle comprit aussi que l'heureux succès de la guerre d'Espagne était dû au Sacré Cœur et aux hommages que lui avait rendus le chef de l'expédition.

Le confesseur fut vivement frappé de cette communication ; car il n'ignorait pas qu'en effet Louis XVIII avait ordonné à Monseigneur le grand-aumônier de France de s'entendre, au sujet de la béatification de Marguerite-Marie, avec le ministre des affaires étrangères; et la sœur Marie de Jésus n'en pouvait absolument rien savoir par voie naturelle.

On espéra un moment arriver à l'accomplissement solennel du vœu de Louis XVI par l'entreprise de son auguste et sublime fille. Mais les événements de 1830 firent encore ajourner le saint projet (1).

V

EN 1870 ET 1871.

Le culte du Cœur de Jésus n'avait pas cessé de se développer dans le cœur des pieux fidèles, parmi les membres du clergé, et surtout au sein des communautés religieuses.

Vers 1845, une œuvre admirable prenait naissance, l'œuvre de l'APOSTOLAT DE LA PRIÈRE, qui n'est autre chose que la Ligue des cœurs chrétiens unis au Cœur de Jésus pour le triomphe de l'Église et le salut des âmes. Cette association, dont la France fut le berceau, a fait d'immenses progrès, surtout depuis

(1) Pour les détails et les preuves, voir la *Notice sur la Mère Marie de Jésus*, insérée à la suite du t. 1 de la *Vie de la révérende Mère Marie-Anne* (dans le monde, Maria de la Fruglaye). — Paris, 1868.

une quinzaine d'années. Elle embrasse aujourd'hui l'univers et compte ses membres par millions.

Aussi n'est-il pas étonnant qu'en 1870, à l'heure des désastres inouïs de notre France, les croyants aient tourné les yeux vers ce Cœur adorable, d'où doit venir notre salut. Un vœu a été formulé par des laïques éminents de Paris, que la guerre avait chassés en province. Ce vœu, qui semble préparer enfin la réalisation du vœu de Louis XVI, a pour but d'obtenir la délivrance du Souverain Pontife et le salut de la France. En voici le texte :

« En présence des malheurs qui désolent la France, et des malheurs plus grands peut-être qui la menacent encore;

« En présence des attentats sacriléges commis à Rome contre les droits de l'Église et du Saint-Siége et contre la personne sacrée du Vicaire de Jésus-Christ :

Nous nous humilions devant Dieu, et, réunissant dans notre amour l'Eglise et notre Patrie, nous reconnaissons que nous avons été coupables et justement châtiés.

« Et, pour faire amende honorable de nos péchés, et obtenir de l'infinie miséricorde du Cœur sacré de Notre-Seigneur

Jésus-Christ le pardon de nos fautes, ainsi que les secours extraordinaires qui seuls peuvent délivrer le Souverain Pontife de sa captivité et faire cesser les malheurs de la France, nous promettons de contribuer, selon nos moyens, à l'érection à Paris d'un sanctuaire dédié au Sacré Cœur de Jésus. »

En même temps que cette généreuse idée se répandait partout comme une flamme, l'honneur des armées françaises, si tristement compromis dans nos récentes luttes, trouvait un asile inviolable au cœur des intrépides volontaires de Charette et de Cathelineau. Ces braves, revenant aux grandes traditions de la première Vendée, SUIVAIENT AU COMBAT L'ÉTENDARD RAJEUNI DU SACRÉ CŒUR, qu'ils empourpraient de leur sang généreux aux champs de Patay et du Mans; et, grâce à la puissance des convictions religieuses, les soldats tant honnis du Pape se trouvaient sans effort les meilleurs soldats de la France.

VI

Décembre 1872.

Depuis que ces lignes ont été écrites, les événements se sont précipités, consolants ou douloureux, bien plus souvent douloureux que consolants!

Aux désastres de la guerre étrangère ont succédé les horreurs de la guerre civile. Páris, tombé aux mains d'une bande de forcenés, a vu l'incendie dévorer ses plus beaux monuments. Le sang des Pontifes, des prêtres, des religieux, mêlé au sang des gardiens de la loi, a été indignement versé par des balles fratricides. Mais en même temps la foi se réveillait dans notre malheureuse patrie. Sur la motion d'un des héros de Patay, M. de Cazenove de Pradines, l'Assemblée nationale votait des prières publiques; et l'armée de l'ordre, avec une promptitude inespérée, reprenait possession de la capitale mutilée et sanglante.

Quelques mois plus tard, un autre député, de Paris cette fois, M. Jean Brunet, demandait qu'au nom de la France un temple fût élevé, sur les hauteurs du Trocadéro, à la gloire du *Christ universel!* Cette proposition, admise en principe par l'Assemblée et éloquemment soutenue par son auteur, n'a été repoussée ou plutôt ajournée qu'à cause de sa forme.

Depuis, les indices d'un réveil religieux ne cessent de se multiplier. On a vu, durant ces derniers mois, des foules immenses se précipiter vers les sanctuaires vénérés de la Salette, de Lourdes, de Notre-Dame du Sacré-Cœur, etc. Rien ne pouvait les retenir, ni les distances, ni les clameurs d'une presse éhontée, ni les insultes et les coups d'une populace à la solde des plus mauvaises passions. En vérité, c'est à peine si les meilleurs temps du moyen âge offrirent jamais le spectacle d'un élan plus spontané et plus universel.

D'autre part, de nouvelles prières publiques, sollicitées par l'Assemblée, viennent d'être faites par toute la France avec une ferveur inaccoutumée. Cette ferveur n'a pas trouvé que ce fût assez d'un seul jour : elle a voulu le faire précéder d'une neuvaine préparatoire ; et cette idée, mise en avant par quelques âmes généreuses, a rencontré partout un accueil empressé. Aussi le fruit de ces touchantes supplications semble apparaître déjà dans cette confiance et cette énergie qui commencent à renaître au cœur des gens de bien.

On le comprend, toutes ces circonstances devaient puissamment favoriser l'Œuvre du

Vœu national. Elle atteint en ce moment même son complet développement. L'action a été énergique, bien que peu éclatante. Les adhésions sont déjà presque innombrables. Les fonds arrivent. L'emplacement est choisi ou va l'être. On parle même de la pose prochaine de la première pierre. D'avance, le 14 avril de cette année, le R. P. Monsabré expliquait, à Notre-Dame, dans un mâle et sympathique langage, l'inscription proposée pour le futur monument : *Christo ejusque sacratissimo Cordi Gallia pœnitens et devota.*

ŒUVRE DU VŒU NATIONAL

Nous ne saurions mieux finir qu'en reproduisant ici la Note rendue publique par laquelle le Comité de l'œuvre en rappelle le but, l'historique et l'organisation actuelle.

« Il n'est plus possible de méconnaître que les causes vraies de nos malheurs sont l'abandon des lois de la religion, les désordres et les scandales qui en ont été la conséquence directe, et que le remède souverain à tant de maux c'est le repentir de nos fautes et le retour sincère à la foi de nos pères.

« L'Œuvre du Vœu national au Sacré

Cœur de Jésus qui a pris naissance au milieu de nos plus cruels revers, et qui a été établie pour obtenir du Seigneur la délivrance du Souverain-Pontife et le salut de notre bien-aimée Patrie, propose à tous ceux qui sont touchés de nos malheurs, qui en reconnaissent les causes et qui en acceptent le remède, de faire un acte solennel de Foi en Notre-Seigneur Jésus-Christ, d'expiation de nos iniquités, et de confiance dans le Cœur sacré du Sauveur, instrument et symbole de son amour pour les hommes.

« A cet effet, on se propose d'ériger une église votive monumentale à Paris, dans cette ville qui, à côté des spectacles des plus sublimes vertus, a donné l'exemple des plus grands crimes.

« Notre Saint-Père le Pape, dès les débuts de cette Œuvre réparatrice, a daigné l'encourager par sa bénédiction. Depuis cette époque, Sa Sainteté lui a donné une confirmation encore plus puissante et plus expresse en adressant aux membres du Comité un Bref Apostolique, empreint d'une bienveillance toute paternelle et portant l'approbation la plus formelle.

« S. G. Mgr l'Archevêque de Paris a bien voulu prendre l'Œuvre sous son patronage tout spécial, lui donner pour directeur spirituel M. l'abbé Jourdan, vicaire général, ordonner en notre faveur une quête dans toutes les églises de Paris, et faire ouvrir, pour le même objet, des souscriptions à l'Archevêché et dans les sacristies de toutes les paroisses de Paris.

« Un grand nombre de NN. SS. les Archevêques et Évêques de France ont donné à l'Œuvre les plus chaleureux encouragements. Plusieurs d'entre eux ont envoyé au Comité leur offrande personnelle.

« Les personnes qui consentiraient à adhérer à cette Œuvre sont priées de vouloir bien inscrire sur les feuilles qu'on distribue partout le montant de leur souscription avec leur nom et leur adresse *lisiblement écrits*, et remettre le tout, soit à l'Archevêché de Paris, soit à M. Th. Dauchez, ou à MM. Legentil et Rohault de Fleury, rue de Furstenberg, n° 6, à Paris.

« Le montant des offrandes peut, dès à présent, être joint aux souscriptions et remis aux mêmes adresses, ou chez MM. les Membres du Comité, dont les noms et les adresses suivent :

MM. Léon CORNUDET, *Président*, 102, rue de Rennes, à Paris.

TH. DAUCHEZ, *Trésorier*, 75, rue du Plessis, à Versailles.

Legentil, *Secrétaire*, 51, rue de Paradis-Poissonnière, à Paris.

H. Rohault de Fleury, *Secrétaire*, à Chauconin, près Meaux (Seine-et-Marne).

Baudon, 6, place du Palais-Bourbon, à Paris.

De Benque, 2, rue Radziwil, à la Banque de France, à Paris.

Général baron de Charette, 34, avenue Montaigne, à Paris.

Descottes, 71, rue de Grenelle, à Paris.

C^to de Lambel, 33, rue Saint-Dominique, à Paris.

E. de Margerie, 21, boulevard Latour-Maubourg, à Paris.

Merveilleux du Vignaux, 42, rue de Grenelle, à Paris.

Cte de Missiessy, 21, rue des Bois, à Fontainebleau (Seine-et-Marne).

C^to Anatole de Ségur, 72, rue de Bellechasse, à Paris.

Mis de Vibraye, 56, rue de Varennes, à Paris, ou au château de Cheverny (Loir-et-Cher).

« Un registre contenant les noms de tous les adhérents sera conservé dans les archives

de l'église à ériger, et des Messes seront fon-
dées à perpétuité pour le salut de leurs âmes. »

Voici le bref du Saint-Père dont il est parlé plus haut.

A nos chers Fils,

Léon CORNUDET, Président, et aux
autres Membres du Conseil de l'Œuvre du
Vœu national à Paris.

Pie IX, Pape,

Chers fils, Salut et Bénédiction Apostolique. Tandis que les signes de la main
vengeresse de Dieu se manifestent si visi-
blement dans les calamités qui affligent les
nations et font craindre des maux encore
plus grands, Nous avons appris que vous
aviez formé l'excellent dessein d'élever
dans votre noble et illustre cité un monument destiné à exciter l'esprit de religion
et à enflammer la charité. Vous avez confiance que ce recours au ciel apaisera le
Seigneur, le rendra propice et obtiendra
de sa clémence la paix de l'Église et le

salut de votre nation. Comme dans cette grande entreprise que vous avez conçue éclatent une vive piété et une sagesse digne de cœurs chrétiens, Nous ne sommes point du tout surpris que votre excellent Pasteur et tant d'autres parmi Nos vénérables frères les Évêques de France l'aient fortement recommandée et lui aient accordé tout leur concours. Certes Nous donnons Notre entière approbation à votre zèle et à votre piété, et Nous ne pouvons que vous décerner, à vous et à vos coopérateurs, les éloges que vous méritez. Nous désirons de plus que Dieu, touché par ce témoignage public de piété et fléchi par ce concert de prières, ramène à lui, non-seulement les cœurs de vos concitoyens, mais ceux de tous les hommes, afin qu'ils marchent désormais dans ses voies et obtiennent ainsi au plus tôt les biens qu'ils souhaitent. Demandant à Dieu ces bienfaits dans l'humilité de Notre cœur, Nous vous assurons de Notre bienveillance paternelle et Nous vous accordons très-affectueusement, à vous et aux autres personnes associées à votre conseil et à votre Œuvre, la

Bénédiction Apostolique que vous sollicitez.

Donné à Rome, près Saint-Pierre, le 31 juillet 1872, l'an de Notre pontificat le vingt-septième.

PIE IX, PAPE.

CONCLUSION

Que reste-t-il donc à faire, sinon que LA FRANCE, REPRÉSENTÉE PAR SON SOUVERAIN, SE CONSACRE SOLENNELLEMENT AU CŒUR DE JÉSUS ? Dieu le demande obstinément depuis bientôt deux siècles ; et pour accomplir ce grand acte, que faut-il ? LA SAINTE AUDACE DU BIEN. Alors sera vraiment sauvée la nation française, et réalisée la parole célèbre de Joseph de Maistre : « LA RÉVOLUTION, INAUGURÉE PAR LA DÉCLARATION IMPIE DES DROITS DE L'HOMME, ABOUTIRA A LA SOLENNELLE PROCLAMATION DES DROITS DE DIEU. »

LA VIE FUTURE
CONFÉRENCES DE L'ORATOIRE
Par le R. P. LESCŒUR, de l'Oratoire
Un volume in-18 jésus (elzév.). 2 50

MARIE, MÈRE DE JÉSUS
Histoire de la très-sainte Vierge, d'après la sainte Écriture,
Les monuments de l'antiquité,
Les écrits des Pères et des Théologiens
Par C.-H.-T. JAMAR, Prêtre.
Un volume gr. in-8 de XIII-570 pages.. . . 10 »

ÉTUDE SUR LES
LAMPES DU SAINT-SACREMENT
ET LE LUMINAIRE ECCLÉSIASTIQUE
Par M. l'abbé JOBIN, curé de Môlay.
Ouvrage approuvé par plusieurs Archevêques et Evêques
DEUXIÈME ÉDITION
Un volume in-18 jésus. . . . . 3 »

LA VIE CHRETIENNE
Par Mgr ISOARD, Auditeur de Rote pour la France
Un volume in-18 jésus. . . . . 2 »

LE LIVRE DE TOUS
OU LE CATÉCHISME CATHOLIQUE
D'après l'Écriture, la Tradition de l'Église et les Docteurs
Par Mgr FLICHE.
Ouvrage approuvé par plusieurs Évêques.
Un fort volume grand in-18 jésus. . . . . . 2 »

PARIS. — IMPRIMERIE JULES LE CLERE ET Cⁱᵉ, RUE CASSETTE, 29.